I7K
20696

LK 7
20696

NOTES
SUR
SANTILLY
(SAONE-ET-LOIRE)

A. RENAUD

ÉTUDES HISTORIQUES

NOTES

SUR

SANTILLY

(SAONE-ET-LOIRE)

TOURNUS
IMPRIMERIE E. DESSOLINS
19, QUAI DU CENTRE, 19

1879

NOTES

SUR

SANTILLY

Des *Echanaux*, hauteurs qui dominent Saint-Gengoux au levant, on découvre le riant paysage de la vallée de la Grosne, bordé à l'horizon par les dernières ondulations des montagnes du Mâconnais, entre les ruines de Brancion et la vieille église de Laives. Partout des villages aux maisons blanches, bâtis à mi-côte ou dans le voisinage de la Grosne. Ce sont: Etrigny, Balleure, Nanton, Bresse, La Chapelle de Bragny, Messey, Lalheue, Sercy, Santilly.

Santilly est assez ancien, si l'on en juge à quelques-unes de ses maisons, et surtout à sa vieille petite église, avec son clocher bruni par le temps, en forme de pyramide à base carrée, et construit en briques

C'était sans doute un de ces misérables villages dont étaient semées les campagnes au bon vieux temps du servage, de la dîme et de la corvée, villages formés de cabanes bâties de sable et de cailloux, dépourvues de cheminées et de fenêtres.

Santilly appartenait, avant la Révolution, au gouvernement de Bourgogne et au bailliage du Mâconnais, ressortissant de l'intendance de Dijon. Depuis 1789, il fait partie de l'arrondissement de Chalon, canton de Buxy. Son territoire a 700 hectares de superficie, dont la presque totalité en plaine. Sa population est, d'après le dernier recensement, de 274 habitants. Cette population était :

en 1841 de 282 habitants
— 1846 — 300
— 1851 — 242
— 1866 — 288
— 1872 — 277

Le seul cours d'eau est la Grosne, qui sert de limite avec la commune de La Chapelle-de-Bragny en se développant sur une longueur de 4,300 mètres ; sa largeur moyenne est d'environ 25 mètres. Le fond de son lit est très-irrégulier : le sable, amené par la Guye des montagnes du Charollais, s'y amasse en vastes bancs, qui, au moment des crues se déplacent, donnant ainsi naissance à de véritables gouffres pour en combler d'autres ; cet état de choses rend la rivière dangereuse pour les baigneurs, et les accidents y sont fréquents. Le poisson de la Grosne est bon, varié et abondant ; on y trouve toutes les espèces communes, à l'exception de la truite.

Le sol imposable est morcelé en plus de 1,000 parcelles, possédées par 250 propriétaires environ et divisées en cinq classes. On cultive presque exclusivement le froment, le seigle (pour sa paille) le maïs, la pomme de terre et la vigne. Ces produits et le fourrage sont de bonne qualité. Le vin, et surtout celui que l'on récolte à *La Chapelle Sainte-Claire*, est estimé.

Les anciennes mesures encore usitées pour l'évaluation des terrains sont : l'ouvrée, pour la vigne, (4 ares 28) ; la coupée de 5 ares 71, et le journal, de 6 coupées soit 34 ares 40, pour les terres labourables ; la soiture, de 5 ares 71, pour les prés.

Les arbres fruitiers sont peu variés, en petit nombre et disséminés dans les vignes ; ce sont : le cerisier, le pêcher et le noyer.

La seule production animale de quelque importance et l'élevage des porcs, que favorise la quantité relativement considérable de maïs et de pomme de terre produite, et la bonne qualité de ces produits. Les prés d'embouche nourrissent aussi quelques têtes de bétail.

Il est à supposer que le territoire de la commune de Santilly a eu sa part dans les invasions et les pillages successifs dont le Mâconnais et le Chalonnais ont été le théâtre. On sait que la Bourgogne ne fut définitivement française qu'en 1477, après son annexion à la couronne par Louis XI.

Quelques habitants croient naïvement que Santilly était autrefois une grande ville, s'étendant à perte de vue ; il en donnent comme preuve certains vestiges trouvés en-

— 7 —

fouis dans la terre à une assez grande
distance des maisons, et qui ne sont que
des débris provenant d'anciennes brique-
teries établies là à cause de la nature argi-
leuse du sol et de la proximité des forêts aujourd'hui détruites (1) des ossements hu-
mains ont été découverts sur plusieurs points,
dans des tombes en maçonnerie ; des fa-
milles entières semblent avoir été ensevelis
là, et antérieurement à la construction de
l'église.

L'église date de 1227 ? (2) ; elle peut avoir
été construite par les moines de Cluny
dont l'abbé avait des droits sur Santilly.

Les habitants de Santilly ont, de temps
immémorial, possédé les deux pâtures com-
munales de la Rouchère et du Tronchy. Voici
la copie textuelle d'une pièce authentique
découverte dans les archives de la mairie.

« Copie figurée d'un acte contenant déclaration des communes de Santilly et pro-
curation pour les habitants. Reçu M° Villain,
notaire, le 7 juin 1635.

« L'an 1635 et le jeudy jour de feste de
Dieu, 7° du mois de juin au village de
Santilly au-devant la porte et principale
entrée de l'église dudit lieu issue de messe

---

(1) Un quartier du village porte le nom de
Tuilerie.

(2) Il y a quelques années, en réparant l'église,
les ouvriers trouvèrent une pierre sur laquelle était
gravé le nombre 1227, et une autre qui portait
trois fleurs de lys, ce qui a fait dire que Saint-
Louis lui même posa la première pierre de l'édifice.

paroissiale ; le peuple, sortant d'ouïr le service divin, pardevant le notaire royal soussignée et en présence des témoins souscrits se sont présentés et comparus Claude Rarmeau, Claude Ramindeau, Jean Dubief, Claude Rave Jean Lefrancs, Jean Girebard, Toussaint Lagrange, Roger Desbois, Antoine Foüchy, Antoine Laroche, habitant audit Santilly, faisant les représentants de la plus grande et saine partie des habitants dudit lieu, lesquels pour satisfaire aux désirs de la déclaration de MM. les commissaires députés par Sa Majesté pour le fait de francs-fiefs et nouveaux acquêts au greffe du Parlement de Paris, déclarant tenir et posséder ci-contre... ».

(Suit l'énumération des communautés avec leurs contenances en arpents et les noms des joignants).

« ...... pour lesquels communaux lesdits habitants payent chacun aux amodiateurs pour le Roy en la Châtellenie Royale (1) de Saint-Gengoux-le-Royal, et ceux possédant le droit du seigneur abbé de Cluny, à cause du doyenné indivis entre eux par la moitié et égale portion pour chacune. Bête tirante six deniers tournois et pour les habitants qui n'ont aucun bétail payent douze deniers par chacuns feu, soutenant lesdits habitants que tenant et payant pour lesdites communautés les droits susdits au Roy notre sire et à ceux ayant droit dudit seigneur abbé

---

(1) Seigneurie et juridiction du seigneur châtelain ; certaine étendue du pays sous cette juridiction. Le roi et l'abbé de Cluny étaient donc les seigneurs suzerains.

— 9 —

ils ne sont tenus à aucuns droits de contrats de franc-fief et nouveaux acquets, n'ayants aucuns titres ni contrats des dettes communes que leur possession immémorialle et davantage. Le village environ dix ans, en cas par accident du feu s'est brûlé environ dix maisons encore même que leurs titres et papiers sont brûlés en leurs maisons et desquelles, en payant les susdites rentes ils jouissent, jurant et affirmants lesdits habitants leurs déclaration susditte contenir vérité et ne tenir et posséder autre chose en communauté ; n'ayant pareillement aucun deniers, rentes, prés, revenus affectés à leurs luminaires et ou il serait besoin d'affirmer leur déclaration susdittes entre les mains du sieur Guérin, commissaire. Lesdits habitants constituent pour cette Benoît huissier, pour affirmer entre ses mains comme il font en celles du Notaire-Royal soussigné que la déclaration susditte contient vérité et généralement tous lesdits habitants n'ayant lesdits habitants d'autres titres desdittes communes qu'une sentence rendue en la justice du Trésor (2) à Paris *en l'an* 600 (3) et les lettres du Roy contenantes pouvoir da choisir par y ceux habitants un forestier énoncé par la susdite sentence par laquelle il appert qu'iceux habitants ayant justiffiés du droit susdit qu'ils payent, ils

---

(1) Justice du Trésor, ou chambre du Trésor Ancienne juridiction établie à Paris pour juger les affaires des domaines du Roi.

(2) Souligné dans le titre.

avaient été renvoyés de l'assignation qui leur avoient été donnée..... »

On voit par ce document assez embrouillé que Santilly est effectivement très ancien, puisqu'une sentence à son sujet a été rendue en l'an 600.

Le droit de franc-fief dont il est parlé ici, était un impôt levé sur les roturiers qui possédaient des terres nobles. Le droit de nouveaux acquets se levait sur les gens de mainmorte qui acquéraient des terres nobles. La mainmorte a succédé, au quatorzième siècle, au servage. La personne de mainmortable était libre, mais dans la seigneurie seulement qu'elle ne devait jamais quittee sous peine de *poursuite*. Le mainmortablr était soumis, comme le serf, droit de *formariage* que vendait le seigneur à ceux de ses serfs qui se mariaient en dehors de la seigneurie. Le mainmortable pouvait acquérir, mais à sa mort ses biens revenaient au seigneur, et pouvaient être rachetés par ses enfants. Ce mot de mainmorte vient, dit-on, de l'usage où l'on était de couper la main droite du mort, que l'on présentait au seigneur, pour lui apprendre qu'il pouvait disposer des biens de son serf.

En 1691, puis en 1704, Etienne Bouchot, Jean Fourillion et Guillaume Rameau, échevins de la paroisse, durent renouveler la déclaration déjà faite. Il est dit dans cette seconde déclaration que toutes les communautés réunies auraient à peine procuré un revenu de livres si elles avaient été données en amodiation. Il y est dit aussi que les habitants de Saint-Boil avaient des droits sur la Rongère et le Tronchy. Ceux de Saint-Boil demandèrent même un partage et une délimitation définitive. Dans une lettre du 21 janvier 1817 le maire de Saint-Boil invite le maire de Santilly à procéder à la démarcation entre les deux territoires ; il prétend que la Rougère appartient exclusivement à Saint-Boil et que l'usage des habitants de Santilly ne peut et ne doit être considéré que comme une tolérance qui leur a été accordée pour entretenir la bonne harmonie entre les habitants des deux communes. La question est aujourd'hui tranchée en faveur des habitants de Santilly. Le Tronchy, comme il est dit dans la déclaration de 1635 et comme son nom l'indique du reste, (tronc), était autrefois un bois. Le voisinage de la Grosne était boisé aussi, dit-on.

Avant 1696, il existait à Santilly au lieu appelé aujourd'hui *Chapelle Sainte-Claire*, une léproserie ou hôpital destiné aux lépreux et nommé *Plantequitte*. On peut induire que cette léproserie avait été construite par les moines de Cluny en même temps que l'église. Cette léproserie était située dans un lieu sain et bien exposé. Par un édit de Louis XIV en date de décembre 1696, cet hôpital fut réuni à celui de Tournus avec ceux de Saint-Gengoux, Buxy, Cuisery, et Mervans. L'hôpital de Tournus devait en retour tenir toujours deux lits à la disposition des malades de Santilly. Par une délibération de la commission administrative de l'hôpital de Tournus en date du 6 février 1821, ce droit a été réduit à un lit seulement. En 1817, il y eut contestation entre Saint-

Gengoux et Santilly : ceux de Saint-Gengoux prétendaient que la maladrerie de Plantequitte avait appartenu à leur hôpital avant la réunion à l'hospice de Tournus ; en concéquence, ils réclamaient pour leur pavure le droit dont Santilly avait joui jusque-là pleinement et sans aucune dépendance de la ville de Saint-Gengoux. Le droit de Santilly a été maintenu. Les bâtiments de la maladrerie furent brûlés en 1777 ; ils étaient en ruines et portaient le nom de *la Chapelle de Sainte Claire*.

En 1815, Santilly fut occupé par les Autrichiens : du 4 au 5 août, par une compagnie du régiment de Straub, forte de 184 hommes ; du 5 au 28, par une compagnie du régiment de Litchtein, forte de 184 hommes ; enfin du 23 au 24 septembre, rar un détachement du régiment de Catholinski, fort de 178 hommes. Cette occupation coûta aux habitants plus de 8,000 francs. Dès les preemiers jours de leur arrivée, les soldats d-Lichetein demandèrent de la toile pour faire des pantalons ; comme la commune était obligée de pourvoir par ses seuls moyens, à la subsistence de cette troupe, elle se vit dans l'impossibilité d'obtempérer, et la demande fut d'abord éludée ; mais ceux qui commandaient, lassés de ces retards, envoyèrent dans chaque maison une force armée qui se fit ouvrir les armoires et qui s'empara de toute la toile qui s'y trouvait, et même des draps de lits ; on trouva 368 aunes de toile d'une valeur d'environ 552 francs : ce fut la seule violence dont on ait eu à se plaindre de la part de ces étrangers.

De nouvelles pertes vinrent bientôt s'ajouter à celles que l'on avait subies pendant l'occupation : l'année suivante, en 1816, le 28 juillet, un orage violent accompagné de beaucoup de pluie et de grêle vint fondre sur les vignes, entraîna le terrain et enleva la plus grande partie de la récolte ; le 23 septembre une nouvelle grêle ne laissa presque rien ; enfin, la gelée des 24 et 25 octobre détruisit ce qui restait ; il ne fut pas recueilli dans toute la commune un tonneau de vin.

Le 25 août 1815, en vertu d'un arrêté préfectoral, en célébra la fête de Saint-Louis, et il fut expressément défendu de se livrer ce jour-là, au travail ; on profita de la circonstance pour hisser le drapeau blanc au clocher. Dans la nuit du 29 au 30 juillet 1816, ce drapeau disparut. Un brigadier et deux gendarmes vinrent de Chalon, sur l'ordre du lieutenant, pour faire une enquête sur cet acte séditieux, et en punir les auteurs. L'enquête révéla que le drapeau n'avait été enlevé que par le vent, et que le sieur Lévêque, adjoint, l'avait emporté chez lui pour le réparer et le remettre à la place qu'il occupait.

La même année, on ordonna partout la destruction des bustes, portraits de Napoléon 1er, aigles, drapeaux, écharpes, cocardes tricolores. On trouva à Santilly deux écharpes ayant appartenu à d'anciens officiers municipaux, et qui avaient été cachées par leurs femmes.

En 1817, et en vertu d'un arrêté préfectoral, en date du 5 juin, fut établie à Santilly comme dans beaucoup d'autres communes, une garde de surveillance; cette garde était chargée de maintenir la tranquillité publique et de veiller à la sûreté des propriétés, car des vols fréquents avoient été commis dans plusieurs communes, et les récoltes avaient été dévastées sur quelques points. Les gardes étaient pris prrmi les individus de 20 à 60 ans. La compognie fut composée ici de 38 hommes, y compris un lieutenant, deux sergents et trois caporaux.

On ne sait à partir de quelle époque il y eu des curés à Santilly : il y a sans doute très-longtemps. Il y en avait déjà un en 1635, puisqu'il est dit que le sieur Jullien, prêtre curé de Santilly, assistait les habitants dans leur déclaration de 1635. On connaît les noms des curés de 1704 à 1793. Après la Révolution la paroisse fut réunie à Sercy, et l'église servit de grange à battre le blé. Les noms des curés de 1704 à 1793 sont :

  Bobion de 1704 à 1721
  Grassot de 1721 à 1729
  de Rymon de 1729 à 1729
  Cochon de 1729 a 1739
  Brun   de 1739 à 1784
  Lattaut de 1784 à 1793

En vertu du décret de l'Assemblée constituante du 12 juillet 1790, le curé Lattaut prêta serment à la constitution civile du clergé Le 26 ventôse an 13, le sieur Duchesne, desservant pour les deux paroisses, emporta de l'église de Santilly dans celle de Sercy divers objets servant au culte et dont le détail est aux archives de la Mairie. Il est spécifié, dans la reconnaissance que fit de ce transport le sieur Duchesne, que lesdits objets seront rendus à l'église de Santilly, dès que celle-ci aura un prêtre approuvé.

Plusieurs démarches furent faites par les autorités locales pour que la paroisse fût érigée de nouveau en succursale, et notamment en 1872, mais ces démarches restèrent infructueuses. La nouvelle église de Sercy construite en 1846, a été disposée en vue de recevoir les fidèles des deux paroisses.

Chacun sait qu'avant la Révolution, les paroisses étaient administrés par des échevins, lesquels percevaient les droits et redevances pour le seigneur, et faisaient la police ; ils étaient assistés du *jury*, sorte de conseil municipal, mais la plus grande partie de l'autorité appartenait au curé du lieu. A partir de 1789, l'exercice de l'autorité civile fut confiée aux officiers municipaux, qui devinrent les maires. Les noms des maires de Santilly depuis 1793 sont :

Lévêque de 1793 à 1797
Dumoulin de 1797 à 1798
Monnot de 1798 à 1799
Jusseau de 1799 à 1816
Boussin de 1816 à 1820
Désir de 1820 à 1830
Monnot de 1880 à 1831
Désir de 1881 à 1832
Mussy de 1837 à 1851
Mussy de 1851 à 1864
Lévêque de 1864 à 1865
Mussy de 1864 à 1865
Lévêque de 1871 à 1873
Brussen 1873

Au mois de mai, 1843, il fut question de réunir Santilly à Sercy ; mais le conseil municipal de Santilly s'opposa à cette mesure, et la réunion n'eut pas lieu. La commune possède une école depuis le mois d'octobre 1872 seulement.

Le patois est un français très-corrompu et se prononçant avec certain accent traînard, qui rend sa compréhension difficile au premier abord. Les locutions qu'eus'quiou (qu'est-ce que) de vrâ (à la vérité), itié, (ici, dans cette occasion) cintié (cela), y sont fréquentes. La diphtongue *an* se prononce *on* et réciproquement ; *au* se prononce *ô* ; *al* fait *au* ; et *au* fait *iau* ; *ch* se prononce *tch* ; *é* fait *ê* ; les participes passés se terminent tous par *i*; les *r* ne se prononcent pas à la fin des mots ; *o* fait *eu*, et *eu* fait *û*. Citons comme particularités les mots :

Ardelache (mésange)
Au rang (en face, à côté)
Baumée (bord de la rivière)
Bouéron (qui conduit les bœufs)
Catalle (habit, paletot)
Cabre (chèvre)
Cho (évier)
Caraller (gronder vivement)
Clayau (barrière en bois)
Cadolle (cabane)
Cakeuchi (bosseler)
Chouper (appeler, crier)
Chiri (partir en secret)
Chergeou (avant-train d'une charrue)
Dagnalle (cerise sèche)
Désampiller (déchirer)
Evier (mettre en train, encourager)
Ekeuler (affaisser)

Etalatte (levier de bois s'adaptant au treuil d'un char)
Epanchou (fourche de fer à trois dents dont on se sert pour écarter le fumier)
Ecô (battre à la grange)
Ecosseré (batteur à la grange)
Faire droit (se procurer)
Fiameuche (brioche)
Fermeilles (fiançailles)
Friser (tourner autour)
Geillâ (geai)
Goûya (serpe)
Gueuriau (timbale)
Guéurot (pauvre, mendiant)
Keurla (noix)
Keu (un individu quelconque)
Ligneux (haie vive ou sèche)
Miechire (millet)
N'guin (personne, homme de peu de valeur)
Ouache (pie)
Paunechire (tiges de maïs après la récolte)
Peuple (peuplier)
Remèche (balai)
Se rebâtrer (revenir sur ses pas)
Se siter (s'asseoir)
Salle (chaise)
Troppe (touffe)
Tapine (pomme de terre)
Tersaller (carillonner)
Noue (Mare)
Takeuchi (frapper)
Nâvô (là-haut)
Yâvent (là-bas)
Les vieilles coutumes ont disparu. Cé-

pendant, il y a à peine six ans, les mariages donnaient encore lieu à certaines cérémonies bizarres. Ainsi, la veille des épousailles, la maison habitée par la fille à marier avait à soutenir un siège en règle. C'étaient d'abord les *drôlasses*, et même les femmes, qui venaient psalmodier à la porte ; la sérénade terminée on admettait la compagnie et on l'hébergeait. Puis les drôles qui venaient réclamer leurs droits, à savoir : « un jeu de « cartes, assorti des quatre rois, des quatres « dames, des quatre, etc... un balai, une « chandelle, un musicien et des filles pour « danser. » Tout cela était accordé incontinent et sans aucune récrimination de la part des rançonnés, qui eussent été l'objet du plus gigantesque *fraxin*. Le pont-levis était alors baissé, et les assiégeants introduits dans la place. La cérémonie se terminait à l'auberge, où l'on exécutait les danses du balai et de la chandelle. A la sortie de messe de mariage on trouvait la *trempée*, disposée sur les murs du cimetière ; deux *gâteaux*, que l'on partageait et que l'on avalait lestement. Puis l'enlèvement des Sabines par les Romains de la noce.

Les récits merveilleux abondent : ainsi il est incontestable qu'à plusieurs reprises des sorts ont été jetés sur le bestiaux par des mendiants à qui on avait durement refusé l'hospitalité. Il n'y a pas bien longtemps, les curés de Santilly, qui dorment sous les dalles de l'église, *revenaient* la nuit dire la messe dans l'ancienne cure (aujourd'hui maison d'école). Aux Quatre Chemins, on entend un bruit épouvantable de murs s'écroulant avec fracas, ou de grelots s'agitant violemment à travers les vignes. Et d'autres encore beaucoup plus effrayants.

Les fées (failles) qui ont habité Santilly n'étaient pas de celles qui exerçaient leurs maléfices sur les pauvres mortels ; elle étaient au contraire de l'espèce la plus pacifique et la plus sociable, et tout porte à croire qu'on les verrait encore si un paysan brutal ne les eût chassées à tout jamais du pays. Voici comment se fit la chose : chaque habitation avait au moins deux ou plusieurs fées qui, pendant les soirées d'hiver, venaient s'asseoir au foyer et s'entrenir avec les gens de la maison ; elles étaient si familières, qu'elles ne se faisaient aucun scrupule de puiser dans un sac qui se trouvait là pour les besoins journaliers, de la farine de Turquie qu'elles délayaient avec un peu d'eau pour en faire des galettes ou cakeux ; ces galettes étaient cuites ensuite sous la cendre chaude. Or, dans ce temps-là, un cakeu avait une bien plus grande valeur qu'aujourd'hui ; et l'on pense bien que ces visites quotidiennes devenaient une lourde charge pour les bonnes gens. Si bien que le maître d'une maison située au centre du village résolut de s'en affranchir. Un soir, il fit coucher sa femme de bonne heure, et ayant revêtu les habits que celle-ci avait quittés, et pris la quenouille, il s'assit au coin du feu, à la place habituelle de la ménagère. Sur le coup de huit heures, voilà que la fée fit son apparition et s'approcha de l'âtre. Il faut croire que notre homme n'était pas expert dans l'art de filer car la fée, l'ayant considéré, dit : « Tu as biau filocher, rien n'encoche » ; et puis encore : « Ce n'est pas ma belle fileuse d'au soir ; trois fusées elle faisot. Comment que tu t'appelles ? » A quoi répondit le maître de céans : « J'm'appelle Moi-même. » La fée l'ayant considéré de nouveau n'en alla pas moins puiser dans le sac ; elle prépara sa cakeu, mais au moment où elle se baissait pour le déposer dans la cendre, le gaillard lui appliqua traîtreusement sur la nuque la pelle à feu qu'il avait fait rougir. La fée poussa un grand cri et aussitôt ses sœurs accoururent des maisons voisines. « Qui t'a fait ça ! lui demandèrent elles ; — Moi-même ; — Alors de quoi que tu te plains ? » Et elles disparurent toutes, et on ne les revit plus.

Il y a aussi la légende du chasseur. Dans ce temps-là, il y avait beaucoup de loups dans les bois. Or, une fois, un homme qui se trouvait à la messe de minuit, fut averti par un de ses domestiques que deux de ses chiens s'étaient échappés, et qu'ils couraient grands risques d'être dévorés par les loups. L'homme sortit donc de l'église, prit son fusil à pierre et partit à la recherche de ses chiens, mais on ne le revit plus. Et on entendit longtemps, pendant la nuit de Noël, une voix qui criait dans les bois : « Gavello ! Gavello ! » et des aboiements furieux, avec un grand vent qui secouait les branches des arbres. C'était le chasseur et ses deux chiens.

Enfin, citons deux recettes infaillibles pour la guérison des piqûres de vipères et pour faire disparaître les verrues. Pour les piqûres de vipères, récitez la prière suivante, et observez fidèlement l'ordonnance qu'elle contient :

« Saint-Joseph s'en va à la chasse ; ayant chassé trois jours et trois nuits sans rien trouver qu'une bête venimeuse qui m'a piqué moi et mes chiens ; j'ai fait un si grand cri que Notre-Seigneur m'a dit : — Qu'as-tu Joseph ? — Notre-Seigneur, voilà trois jours et trois nuits que je chasse sans rien trouver qu'une bête venimeuse qui m'a piqué, moi et mes chiens. — Vas-t'en ; tu prendras neuf feuilles de ronce mâle et de la graisse, et tu en frotteras 9 fois ta plaie, et la bête périra, et toi et tes chiens guérirez. »

Prenez autant de grasins (grains de sable) que vous avez de verrues ; enfermez ces grains dans du papier bien blanc ; ficelez soigneusement, et déposez le tout dans un lieu passager. Celui qui ramassera le petit paquet aura les verrues et vous en serez débarrassé.

Je voudrais, en vue de la santé publique donner ici un plus grand nombre de prières et de recettes, dont il y a autant qu'il y a de sortes de maux, mais je crains de porter ainsi préjudice aux intérêts de la Faculté, avec laquelle je suis en excellents rapports.

A. RENAUD.

Tournus — Imprimerie Tournusienne.

96

www.ingramcontent.com/pod-product-compliance
Lightning Source LLC
Chambersburg PA
CBHW060609050426
42451CB00011B/2166